공손기의 슬기로운 플라스틱 생활

글 황연희 그림 이유나

책읽는달

차례

공짜는 없다 4

생각 씨앗 플라스틱이란 무엇일까요?

플라스틱은 우주 악당 18

생각 씨앗 분리배출하면 재활용이 쉬워요

플라스틱 수프 30

생각 씨앗 바다 플라스틱 오염이 심각해요

플라스틱 없는 하루 42

🌱생각 씨앗 일회용품이 너무 많아요

반짝반짝 빛나는 생각 56

🌱생각 씨앗 플라스틱 줄이는 생활

고래야, 고래야 70

지은이의 말 78

공짜는 없다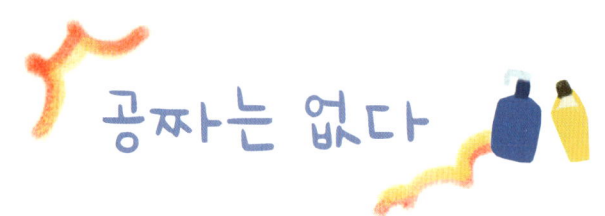

"플라스틱을 맡으라고요, 앞으로 쭉?"
슬기는 젤리 주스를 뿜을 뻔했어.
"아빠는 종이, 깡통, 유리, 비닐, 스티로폼을 맡았는걸."
아빠가 슬기에게 말했어.
"음식물 쓰레기는 설거지부터 해야 해. 플라스틱을 맡기 싫으면 음식물 쓰레기랑 바꿀래?"

엄마가 말했어. 슬기는 엄마에게 물었지.
"민기는 뭐하고요?"
동생 민기가 장난감을 늘어놓고 놀고 있었어.
민기는 우주 전쟁하느라 바빠.
"아홉 살 되면 하겠지."
엄마가 말했어. 민기는 겨우 여섯 살이야. 슬

기는 젤리 주스를 마저 빨아 먹었어. 어쩌다 분리수거를 돕는 건 괜찮아. 하지만 분리수거를 도맡아 하기는 싫어. 그래서 슬기는 말했어.

"생각해 볼게요."

"지금 엄마, 아빠랑 같이 분리수거 하러 나갈래? 이따 혼자 갈래?"

엄마가 현관을 나서며 말했어. 아빠가 산더미 같은 종이 박스를 들고 엄마 뒤를 뒤따랐어.

"나, 아직 마음 정하지 않았다고요."

슬기는 엄마, 아빠를 향해 말했어.

"아무래도 내가 너무 많이 쓰레기를 맡았어."

아빠가 혼잣말을 했어. 엄마는 어느새 사라졌고.

슬기는 플라스틱을 모은 자루를 들었어. 하는 수 없이 엄마, 아빠를 따라 나갔어. 분리수거장에서 달그락달그락

소리가 들려왔어.
　플라스틱을 넣은 자루가 크기도 해. 일주일 만에 별별 게 다 모였어. 과자, 음료수, 화장품, 기름, 샴푸 등을 담았던 통이 수두룩해.
"뭘 이렇게 버린 거야?"
　불평이 절로 나와. 슬기는 다 먹은 젤리 주스 봉지를 플라스틱 담는 자루에 던져 넣었어.
　그때, 누군가 지나갔어. 자루를 어깨에 지고 걸어. 어린이인데 몸집보다 큰 짐을 지고 가. 모두 분리수거용 물품이야. 지나가는 뒷모습이 익숙해. 슬기는 따라가서 그 아이의 얼굴을 보았어.

"지후니?"

"슬기야, 안녕?"

같은 반 친구였어. 뭐가 좋은지 지후는 짐을 내려놓으며 싱글거려. 지후는 바로 분리수거를 시작했어. 플라스틱을 능숙하게 쏟아부었어. 플라스틱이 많기도 해. 슬기네보다 더 많아. 집마다 모으면 얼마나 많을까? 산처럼 쌓이겠어.

그나저나 이상해. 분리수거를 하면서 콧노래까지 부르니 말이야.

"지후야, 뭐 좋은 일 있어?"

"응, 분리수거 하니까. 돈 벌잖아."

"뭐? 돈을 벌어?"

지후가 손바닥을 탁탁 털며 물었어.

"슬기야, 넌 얼마씩 받아?"

"무슨 말이야?"

슬기가 궁금해하자. 지후가 별스럽지 않게 말했지.

"분리수거하면 용돈 받잖아. 오늘 우리 집

분리수거 내가 다 했어. 형 몫까지 분리수거 해서 용돈 두 배로 받는다."

"진짜? 분리수거하면 용돈 받는 거야?"

슬기는 가슴이 콩콩 뛰었어.

"당연하지. 세상에 공짜가 어디 있냐?"

옳거니. 슬기는 지후의 팔을 덥석 잡았어.

"지후야, 이리 와. 나랑 가자."

슬기는 주위를 둘러보고 엄마와 아빠를 찾았어. 두 분은 수돗가에서 손을 씻었어. 슬기는 엄마, 아빠에게 지후를 데리고 갔어.

"엄마, 아빠! 저 마음 정했어요."

엄마와 아빠가 눈을 댕그랗게 떴어.

"뭘?"

"말씀드려, 지후야."

슬기가 말했어. 지후가 갸우뚱거렸어. 엄마, 아빠도 마찬가지였어. 슬기는 숨을 한 번 고른 다음 말했지.

"오늘부터 플라스틱은 제가 맡아요. 대신 용돈 주셔야 해요."

아빠가 엄마를 보았어. 엄마는 얼굴을 찌푸리며 팔짱을 꼈지.

"왜?"

슬기는 침을 꼴깍 삼켰어. 엄마의 강한 태도에 절대 밀리면 안 돼.

"세상에는 공짜가 없으니까요. 그렇지, 지후야?"

슬기는 지후를 앞으로 살짝 밀었어.

"네, 우리 집은 분리수거하면 용돈 받거든요. 한 자루에 이천 원이에요. 안 하면 못 받아요. 돈 없으면 게임기도 아이스크림도 못 사잖아요."

지후는 엄마가 무서웠나 봐. 불쌍한 척하며 말을 해. 슬기는 지후의 팔을 놓으며 말했어.

"오늘은 쓰레기 분리수거 용돈을 두 배로 받는다고 그랬지?"

"응, 형 몫까지 두 배야."

지후가 강아지 인형처럼 고개를 끄덕이며 대답했어.

"도와줘서 고마워. 이제 가."

슬기의 말에 지후는 도망치듯 뛰어갔어. 엄마가 슬기를 가만히 내려다보았어.

"그래서, 슬기 너는 플라스틱, 잘 버렸어?"

슬기는 지지 않기로 했어.

"아뇨, 나도 지후처럼 용돈 받아야 버릴 거예요."

손가락으로 플라스틱 모은 자루를 가리켰지. 엄마가 널브러진 자루를 보며 눈살을 찌푸렸어. 사람들이 분리수거장 가운데 놓인 슬기네 플라스틱 자루를 피해 다녔어. 다니기 불편해 보였어. 엄마가 슬기를 불렀어.

"공슬기!"

눈에서 레이저 광선이 나올 것 같아. 잔말 말고 플라스틱 자루를 치우란 뜻이야. 슬기는 버텼어.

"용돈을 주신다는 약속을 해야 플라스틱 자루 치울 거예요."

경비 아저씨가 집게를 들고 슬기네 자루에 다가갔어. 아빠가 얼른 다가가서 자루를 들었어. 수거함에 쏟아 넣지는 않았지. 엄마가 고개를 가로 저었거든. 슬기는 굽히지 않았어.

엄마가 물었어.

"진심이야?"

"네, 엄마."

"그럼 플라스틱 모아서 버리기까지 해야 해."

"그럼요."

"플라스틱이 뭔지는 알고?"

"당연하죠. 물건마다 버리는 방법이 표시되었어요. 제품 설명을 보면 돼요."

"좋아. 일주일에 한 번, 버릴 때마다 이천 원."

"네."

짜릿했어. 역시 엄마 최고야. 슬기가 엄지를 들려는데 엄마가 말했어.

"단, 조건이 있어. 저기 봐."

엄마가 아빠 쪽을 가리켰어. 아빠가 머리를 긁적이며 경비 아저씨와 말하고 있었어. 아저씨가 집게로 슬기네 플라스틱 자루에서 뭔가 집어 내. 가만히 보니 젤리 주스 봉지였어.

"경비 아저씨가 왜 플라스틱 수거통에서 도로 꺼내는 거지? 젤리 주스 봉지는 플라스틱이 맞는데……."

슬기는 어리둥절했어. 경비 아저씨는 젤리 주스 봉지를 아빠한테 건네고 갔어.

젤리 주스 봉지는 플라스틱이야. 슬기가 마셔봐서 알아. 빨아 먹는 부분이 딱딱해서 이빨로 깨물었거든. 쭉 빨면 젤리가 몽글몽글 입으로 들어와. 플라스틱이 아니었으면 주스가 주르르 쏟아졌을걸.

슬기는 다가가 젤리 주스 봉지를 살펴보았어. 주스를 빨아 먹는 부분은 분명 플라스틱이야. 뚜껑도 달렸어. 하지만 화살표 세모 안에 '비닐류'라는 글씨가 보였어. 주스가 담긴 부분은 비닐이었어.

"비닐이구나."

슬기가 말했어. 엄마가 앞으로 나섰어.

"공슬기, 앞으로 분리수거 잘못 넣으면 하나에 백 원씩 깎기."

"네?"

그럼 그렇지. 엄마가 순순히 이천 원을 내줄 리 없어. 슬기는 맞섰어.

"보세요. 플라스틱 맞아요. 제가 틀린 거 아니에요. 만든 회사가 틀렸지."

슬기는 젤리 주스 뚜껑을 돌려 열어 보았어. 엄마가 말했어.

"젤리 주스 봉지처럼 비닐과 플라스틱이 붙어있으면 안 돼. 재활용할 수 없거든."

"내가 붙였나, 뭐!"

엄마는 투명한 생수통을 꺼내 보였지.

"여기 있던 비닐도 엄마가 다 뗀 거야. 말끔하게 비닐을 제거해서 버려야 해."

"어떻게 비닐을 떼요?"

슬기가 젤리 주스 봉지를 건넸어. 엄마가 받고서 말했지.

"이렇게 엄마 도움받을 때마다 용돈 백 원씩 깎을 거야."

"네?"

"세상에 공짜는 없잖아. 너도 알다시피."

엄마가 분리수거장 가위로 주스 봉지의 비닐을 잘라냈어. 그러고 나서 플라스틱과 비닐을 따로 버렸어.

슬기는 편들어주기 바라는 마음으로 아빠를 보았어. 아빠가 어쩔 수 없다는 듯 고개를 가로저었어. 엄마는 만만하지 않아.

"조건이 싫으면 말해. 플라스틱 버릴 때마다 용돈은 안 줄 테니까."

엄마가 말했어. 슬기는 생각했어. 용돈을 안 준다니, 안 될 말이야. 그깟 비닐, 떼면 되지.

"싫긴요, 좋아요."

슬기는 플라스틱 분리수거를 맡기로 했어.

"공슬기, 플라스틱 분리수거 할 때마다 한 번에 이천 원, 잘못하면 백 원 깎기, 도움받아도 백 원 깎기. 맞지?"

"네, 약속해요. 앞으로 플라스틱은 제가 맡아요."

슬기가 엄숙하게 새끼손가락을 내밀었어. 엄마가 손가락을 걸었어. 도장 찍고, 복사했지. 아빠는 증인이 되었어.

생각 씨앗

플라스틱이란 무엇일까요?

플라스틱은 무엇으로 만들까요?
① 나무　　② 쇠　　③ 석유　　④ 벌집

플라스틱은 주로 석유, 석탄, 천연가스로 만들어요. 땅속 깊은 곳에서 채취한 석유를 원유라고 하지요. 원유는 여러 가지 물질로 이루어졌어요. 자동차에 넣는 휘발유도 원유에서 나와요. 1900년대 과학자들이 원유에서 필요한 기름을 얻고 남은 물질로 플라스틱을 만들었어요.

플라스틱은 일정한 온도까지 올라가면 말랑말랑해집니다. 이를 틀에 넣어 누르면 원하는 모양을 만들 수 있어요. 색을 넣기도 쉽지요. 나무나 돌로 물건을 만들 때보다 간편해요. 재료를 낭비하지 않아도 되고요. 비용이 훨씬 적게 들지요.

플라스틱 물건은 가볍고 단단합니다. 표면을 매끄럽고 빛나게 할 수도 있

어요. 곰팡이가 슬지 않아 위생적이고요. 열이나 전기를 전달하지 않지요. 화학물질에도 잘 견딥니다.

플라스틱은 이러한 우수한 성질 때문에 쓸모가 많아요. 그래서 우리 주변에서 쉽게 볼 수 있어요. 장난감이나 생활용품, 각종 포장용품을 대부분 플라스틱으로 만드니까요. 뿐만 아니라 자동차, 비행기, 배, 건축 재료, 전기 부품 등 산업 분야에서도 널리 사용해요.

하지만 커다란 단점이 있습니다. 플라스틱은 자연에서 생긴 재료가 아니에요. 따라서 자연 상태에서 썩거나 분해되지 않습니다. 수명이 다하면 흙으로 돌아가는 나무와 다르지요.

플라스틱을 이루는 물질은 수천 개의 분자가 사슬 모양으로 강하게 묶여있어요. 이를 중합체라고 합니다. 자연에는 천연 중합체가 많아요. 뼈, 뿔, 머리카락, 나무 등이지요. 플라스틱은 인간이 만든 중합체입니다. 플라스틱이 아주 작게 부서지더라도 이 중합체는 끊어지지 않아요. 오랫동안 생태계에 남습니다.

플라스틱은 1909년에 처음 발명되었어요. 그 뒤로 지금까지 인류는 플라스틱을 줄곧 만들어왔어요. 수명을 다한 물건은 쓰레기로 버렸고요. 대부분 분해되지 않은 채 어딘가 쌓여있지요. 산, 바다, 강과 같은 우리의 자연에 말이에요. 오늘날 플라스틱은 환경오염을 일으키는 큰 걱정거리가 되었어요. 우리는 어떻게 이 문제를 해결할 수 있을까요?

플라스틱은 우주 악당

"뷰티나 어린이 화장품 세트……. 눈, 입술, 볼, 손톱 화장품, 솔도 있네."

주황 가방에 색색 화장품이 골고루 담겼어. 슬기는 마트 장난감 판매대에 있어. 화장품 세트를 보며 상상에 푹 빠졌지.

분홍을 볼에 톡톡, 보라를 눈에 살살, 빨강을 입술에 싹……. 아이돌 가수처럼 보일 거야.

'용돈 모아서 꼭 사야지.'

슬기는 마음을 다졌어. 뷰티나 화장품 세트만 있으면 엄마 화장품 몰래 바르지 않아도 되잖아. 화장이 얼마나 재밌는데. 바를 때마다 얼굴이 예뻐져. 슬기만의 화장품이라니, 생각만으로도 신이 나.

반드시 돈을 모아 뷰티나 화장품 세트를 사고 싶어. 더구나 이번 세트는 새 학기 한정판이야. 특별히 예쁜 캐릭터 가방에 담아 준단 말이야.

플라스틱 분리배출을 열심히 해서 뷰티나 화장품 세트를 사고 말겠어.

그때 누군가 바지를 잡아당겼어.

"똥 마려워."

민기였어. 달콤한 기분이 사라졌어.

"알았어."

하나밖에 없는 동생이야. 귀찮아도 잘 보살펴야 해. 엄마가 할아버지가 입원한 병원에 가셨거든. 슬기는 안주 판매대에서 서성이는 아빠한테 민기를 데려갔어.

"민기 화장실 간대요."

"카트 맡아줘."

아빠가 민기와 뛰어나갔어.

슬기는 카트를 붙들었지. 밀어보니 무거웠어. 안을 들여다보았어.

"앗, 플라스틱이다."

간장이 플라스틱 통에 담겼지 뭐야. 요구르트, 우유, 주방세제, 된장도 마찬가지였어. 전복과 쇠고기도 플라스틱 받침으로 포장되었어.

"버릴 때 전부 씻어야 하잖아. 엄마가 플라스틱 씻을 때마다 내 용돈 백 원씩 뺏을 거야. 절대 안 돼. 용돈을 모아야 해."

슬기는 물건을 하나씩 제자리에 갖다 놓았어. 카트가 가벼워져서 점점 잘 밀렸어. 마침내 비닐 포장된 물건만 남았어. 비닐은 슬기 담당이 아니니까, 뭐.

"플라스틱 쓰레기 조금 나오겠다."

슬기는 이렇게 말하며 기분 좋게 계산대로 갔지. 아빠가 서둘러 걸어왔어.

"얼른 계산하고 가자."

아빠가 계산하고 물건을 담았지. 셋은 집으로 왔어. 병원에 갔던 엄마가 먼저 집에 와 있었어. 엄마는 장바구니를 확인하며 말했어.

"여보, 쇼핑 목록 쪽지 잃어버렸어요?"

"아닌데, 왜?"

"사와야 할 물건이 없잖아요."
"내가 분명히 카트에 넣었는데……."
아빠가 고개를 갸웃거렸어. 슬기는 슬금슬금 방으로 들어가려고 했어.
"슬기 짓인가? 공슬기!"
딱 걸리고 말았어. 엄마랑 아빠가 슬기를 붙잡았어. 슬기는 어쩔 수 없이 플라스틱 쓰레기를 줄이려고 그랬다고 털

어놓았지. 비닐은 아빠 담당이라서 그냥 뒀다고.

"쓰레기 줄이려고 우리가 밥을 굶을 수는 없잖아."

엄마가 이마를 짚으며 말했어.

"줄이려면 아빠 비닐도 줄여야지."

아빠가 한숨을 쉬었어. 슬기는 머릿속이 어지러웠어. 맞아. 굶을 수야 없지. 엄마가 자동차 열쇠를 챙겨 일어났어.

"공슬기, 플라스틱 쓰레기 정리해 놔. 마트 다녀올 때까지."

"네."

슬기는 순순히 마른행주를 들었지. 설거지통에 씻어놓은 플라스틱이 소복했거든. 아빠가 장바구니를 들고 화가 난 엄마를 따랐어.

"누나한테 놀아달라고 해."

아빠가 민기 등을 살짝 떠밀었어. 현관문이 철컥 잠겼어.

민기가 눈을 껌벅이며 슬기한테 다가왔어.

"누나, 놀아줘."

"플라스틱 닦기 놀이할까?"

슬기는 물었어. 분리수거도 하고 민기랑도 놀아주고, 좋은 아이디어라고 생각했어. 슬기는 행주 하나를 민기한테 건넸어. 바나나 우유병도 들어 보였지.

"민기야, 플라스틱은 네 가지만 생각하면 돼."

"네 개?"

민기가 손가락을 펴 보였어.

"응, 따라 해 봐."

슬기는 선생님이라도 된 듯 우쭐해졌어. 민기가 양손에 행주와 바나나 우유병을 들었지.

"비우고."

슬기는 설거지통에 병을 톡톡 털며 말했어. 민기가 슬기를 따라서 털었어.

"헹구고."

슬기는 빈 용기를 물에 씻는 시늉을 하며 알려줬어. 엄마가 용기를 이미 씻어놓았거든. 민기 것도 마찬가지였지.

"분리하고."

우유병에 붙은 비닐을 뗐어. 빨대가 붙었던 자리야. 민기도 슬기를 따라 비닐을 잡아 뜯으며 말했어.

"불리하고."

"민기야, 불리가 아니라 분리. 플라스틱 말고 다른 건 떼야 해. 비닐, 뚜껑, 종이 같은 것."

"알았어, 누나. 분리."

슬기는 민기에게 고개를 끄덕여 주었어. 플라스틱 수거함에 바나나 우유 용기를 넣었어. 딱 플라스틱만 모았지.

"섞지 않는다."

'섞지 않는다'는 슬기의 말에 민기가 따라 넣었어.

"비우고, 헹구고, 분리하고, 섞지 않는다."

슬기는 행주를 뱅글뱅글 돌리며 말했어.

"비우고, 헹구고, 분리하고, 섞지 않는다."

민기도 따라 돌리며 말했어.

슬기가 빈 요구르트 용기를 새로 건넸어. 민기는 따라 하려다가 멈추고 물었어.

"누나, 왜 계속 이렇게 해?"

"플라스틱을 한데 모아서 재활용해야 하거든."

"재활용? 재활용이 뭐야?"

"녹여서 다른 물건으로 만드는 거야. 플라스틱은 다시 쓸 수 있대. 깨끗이 분리해서 버리면."

민기 얼굴이 부루퉁했어.

"이게 놀이야?"

"그럼. 플라스틱을 깨끗이 해치우는 재미있는 놀이야. 영웅 놀이처럼."

"재미없어."

민기가 방으로 달아났어. 요구르트 용기가 데굴데굴 굴렀어. 슬기는 주워서 물기를 닦았지. 민기 혼자 놀면 편하지, 뭐.

"하나, 둘, 셋, 넷……."

슬기는 엄마가 씻어 놓은 플라스틱 용기를 셌어. 엄마가 용기 씻는 걸 도와줬으니까 백 원씩 빼야 해. 일곱 개나 돼. 언제 용돈 모아서 화장품 세트를 산담. 걱정이 이만저만 아니야.

"영웅은 나야. 우주 악당을 물리치지. 휭!"

민기가 뛰어나왔어. 손에 우주 영웅 장난감을 들었어. 날아가는 시늉을 했어. 다른 손에는 악당 장난감을 들었지.

"민기야, 장난감들도 다 플라스틱이야. 언젠가 내가 버릴걸."

"아니야, 버리면 안 돼. 나는 우주 영웅이야! 우주 악당이다."

민기 혼자서 우주 전쟁을 벌였어. 슬기는 그동안 플라스틱 물기를 다 닦아 수거함에 모았어. 깨끗하니까 모두 재활용 할 수 있을 거야.

"야, 다 했다."

손을 씻고 거실로 왔어. 민기가 후다닥 지나갔어. 손등으로 입가를 쓱

훑으면서…….

슬기는 바구니 통을 들여다보았어. 젤리 주스 봉지, 카스텔라 껍질이 뒹굴었어. 민기가 그새 간식을 해치웠나 봐. 쓰레기가 또 나왔어.

하필 플라스틱과 비닐이 붙은 젤리 주스 봉지라니. 엄마한테 도움받으면 백 원이 날아가.

"쳇, 악당은 플라스틱이야. 해치워도 자꾸 튀어나와."

이대로 당할 수 없어. 슬기는 직접 해치우기로 했어. 플라스틱 마개와 비닐봉지 부분을 분리하려고 가위를 가져왔지.

슬기는 가위 끝을 마개 아래로 찔러 넣었어. 단단한 게 부딪혔어. 마개를 뺄 새도 없이 가위가 미끄러졌어.

"아야!"

손가락이 얼얼했어. 새빨간 피가 흘러나왔어. 세상에나, 플라스틱은 진짜 악당이었어.

생각 씨앗

분리배출하면 재활용이 쉬워요

퀴즈

플라스틱이 자연 상태에서 분해되는데 얼마나 시간이 걸릴까요?

① 5년　　② 6개월　　③ 100일　　④ 400년~500년

플라스틱 쓰레기는 분해되는데 400년에서 500년이 걸립니다. 어쩌면 더 오래 걸릴 수도 있어요. 아직 확실히 모르거든요. 플라스틱이 탄생한 지 100년 남짓 되었기 때문이에요. 아무도 400년 넘은 플라스틱을 본 적이 없어요.

플라스틱을 재활용하면 환경오염을 줄입니다. 수명이 다한 플라스틱 물품을 다른 물품으로 만들 수 있지요. 그런데 유리병을 씻어서 다시 사용하는 것과 달라요. 폐기물을 녹여서 새 원료로 만들어요. 처음과 같은 제품도 만들고요. 품질이 떨어지지만 쓸모 있는 다른 제품도 만들어요.

플라스틱은 종류가 많답니다. 그래서 재활용 방법도 각각 달라요. 어떤

것은 잘게 부숴서 녹여요. 병이나 일회용 용기, 울타리, 상자 등을 만들지요. 어떤 것은 실로 자아요. 화학섬유나 화학솜으로 만들죠. 태워서 연료로 쓰기도 해요. 재활용을 할 수 없는 플라스틱도 있고요.

우리는 플라스틱을 분리수거장에 내놓지요. 페트병, 플라스틱, 비닐, 스티로폼 등으로 나눠요. 분리배출을 꼼꼼히 하면 재활용이 훨씬 쉬워집니다. 플라스틱 폐기물을 어떻게 나누어 내놓을까요? 종류별로 알아보아요.

페트병은 생수나 음료를 담는 투명한 플라스틱병입니다. 녹색이나 갈색 병은 재활용이 어려워요. 따라서 점차 투명한 병으로 바뀌는 추세입니다. 페트병은 안을 헹구고요. 납작하게 밟아요.

플라스틱류 수거함에는 플라스틱이라고 표기된 제품만 내놓습니다. 겉보기에 플라스틱으로 보여도 재활용이 안 되는 물품이 많아요. 고무, 헝겊, 금속이 붙었으면 떼어내요. 뗄 수 없으면 종량제 봉투에 넣습니다.

비닐류는 라면 봉지나 비닐봉지, 투명 필름을 말해요. 비닐에 양념이나 내용물이 묻어있으면 재활용할 수 없어요. 씻어 말린 후, 속이 비치는 봉투에 담아 내놓습니다.

스티로폼은 이물질을 닦아냅니다. 상표나 표시도 떼고요. 가전제품 상자에 들어있던 스티로폼 완충재는 구매한 회사에 반납해요.

사는 곳마다 재활용 분류법이 조금씩 달라요. 재활용 처리 업체가 다르기 때문이에요. 가까운 주민 센터나 면사무소에서 확인할 수 있어요.

플라스틱 수프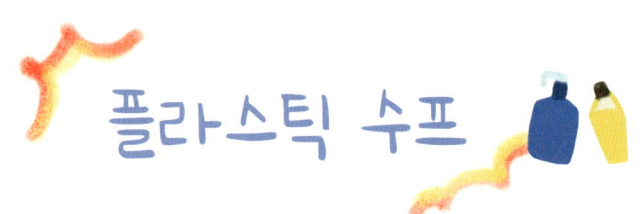

"할아버지!"

슬기는 할아버지를 안아드렸어. 할아버지가 이틀 만에 병원에서 나오셨어. 건강검진 받느라 고생 많이 하셨대.

"슬기 덕분에 거뜬히 검사했네."

할아버지가 품에서 편지를 꺼냈어. 입원하실 때 슬기가 할아버지께 드린 거야.

"또 써 드릴게요."

"나도."

민기가 나서며 말했어. 할아버지가 민기의 머리를 쓰다듬어 주었어.

"고맙다. 너희들 할아버지 집에 와. 고래 배 태워줄게. 방학 때 고래 만나러 가자."

"진짜요? 야호!"

민기가 팔짝팔짝 뛰며 좋아했어. 고래를 만나러 가다니, 꿈만 같아. 슬기는 엄마를 보았어.

"오늘 말고. 할아버지 기운 없으셔. 엄마가 밥상 차릴 동안 편지 쓰든지."

"네, 엄마."

슬기는 편지지를 꺼내왔어. 고래가 눈앞에 아른거려. 무슨 말부터 쓸지 모르겠어. 민기가 또 우주 영웅을 그려. 이왕이면 고래를 그려야지.

아빠가 할아버지 보시라고 텔레비전 뉴스를 틀었어. 부엌에서 고소한 참기름 냄새가 퍼졌어. 슬기는 콧노래가 절로 나왔어.

그때, 뉴스에서 고래라는 말이 나왔어.

"와, 고래다."

바닷가에 고래 한 마리가 밀려왔습니다. 사람들이 발견했을 때 이미 목숨을 잃은 상태였습니다. 왜 죽었는지 이유는 알 수 없습니다. 하지만 배 속에서 많은 양의 플라스틱이 나왔습니다.

끔찍한 뉴스야. 슬기는 민기 눈을 가렸어. 민기가 버둥거렸어.

화면 속 고래는 바닷가에 누워있었지. 길이가 어른 키 다섯 배쯤 되었어. 갈라진 배 속에 쓰레기 더미가 보였어.

플라스틱 컵 115개, 플라스틱 끈, 플라스틱 백 25개가 들어있었습니다.

"플라스틱 백이 뭐예요?"
슬기가 물었어. 아빠가 뉴스를 끄려 했어. 슬기는 리모컨을 먼저 쥐었어.

"비닐봉지를 말하는 거야."
할아버지가 대답해줬어.
"비닐은 플라스틱이 아니잖아요."
슬기가 물었어.
"플라스틱의 일종이란다. 얇을 뿐이지."
할아버지가 말씀하셨어. 슬기는 이해할 수 없었어.
"왜 고래가 플라스틱 컵이랑 비

닐을 먹어요?"

"누나, 거북이!"

그때 민기가 울먹였어. 슬기가 뉴스 화면으로 눈길을 돌렸어.

거북이 등이 숫자 8처럼 완전히 일그러졌습니다. 어릴 때 플라스틱 고리가 등 가운데 꼈기 때문입니다. 거북이 등은 동그랗게 자라지 못했습니다. 플라스틱이 몸속 내장까지 조여 거북이는 건강을 잃었습니다. 바닷새는 먹이인 줄 알고 병뚜껑을 잔뜩 먹었습니다. 어미 옆에서 울며 죽어갑니다. 플라스틱 쓰레기 때문에 바다 생물이 위태롭습니다.

믿을 수 없었어. 누가 분리배출을 안 했나 봐.
"엄마, 플라스틱은 재활용하면 모두 다시 쓰죠?"
슬기가 물었지만 엄마가 아무 말 없이 식탁에 음식 접시만 놓았어. 아빠한테 엄마가 눈치를 주었어. 그러자 아빠는 텔레비전 앞으로 가서 채널을 돌렸지. 쇠고기 파는 홈쇼핑 방송을 거쳐 떠들썩한 예능 프로그램으로 바뀌었어.
"점심부터 먹어. 아버지, 전복죽 드세요."
엄마가 말했어.
"……."
뭔가 수상해. 슬기는 리모컨으로 채널을 도로 바꿨어. 뉴스 화면이 다시 나왔어.

플라스틱은 열 개 중 세 개만 재활용됩니다. 나머지는 버려집니다. 여러 나라에서 버린 플라스틱은 바다를 떠다니다가 한데 모입니다. 태평양 한가운데에 플라스틱이 거대한 섬을 이루었습니다. 한반도의 일곱 배보다 넓습니다.

말도 안 돼. 까마득하게 플라스틱 쓰레기가 펼쳐졌어. 사람들이 배를 타고 플라스틱 쓰레기를 지나갔어. 가도 가도 끝이 안 보여.

슬기는 눈을 뗄 수 없었어. 플라스틱 바다에서 지난주에 버린 플라스틱을 찾을 것 같았어. 비슷하게 생긴 세제 통, 음료수병이 보였어.

노란 물고기가 물속에서 헤엄쳤어. 쓰레기 조각 사이에서 입을 연신 뻐끔거렸어.

"먹지 마, 물고기야. 그건 쓰레기야."

슬기는 자기도 모르게 소리쳤어.

"공슬기!"

밥상을 차리던 엄마가 이름을 불렀어. 슬기는 식탁에 가지 않았어.

플라스틱은 썩지 않습니다. 빛과 파도 때문에 잘게 부서집니다. 아주 작은 플라스틱 조각으로 바뀝니다. 이 미세 플라스틱을 먹은 물고기나 조개를 누가 먹을까요? 고래나 사람이 먹습니다. 자연스럽게 미세 플라스틱은 우리에게 돌아옵니다. 과학자들은 미세

플라스틱의 화학물질이나 독성물질이 몸에 얼마나 해로운지 연구합니다.

"조개?"

슬기는 뭔가 찜찜했어.

아빠가 슬기를 데려다가 식탁 의자에 앉혔어. 음식이 맛깔스러워 보였어. 콩밥, 두부 된장국, 쑥갓무침, 쇠고기 장조림 등등. 할아버지는 몸이 편찮으시니까 전복죽을 드셨어.

슬기는 계속 전복을 생각했어. 맞아, 전복도 조개처럼 생겼어. 마트에서 어항에 붙어있는 모습을 보았어. 처음에는 전복이 바다에서 살았을 거야.

할아버지가 죽을 떠서 입에 가져갔어. 전복 조각이 보였어. 슬기는 전복 조각을 보자 불안해졌어.

"아, 안 돼요. 할아버지."

전복이 작은 플라스틱 알맹이를 먹었을지도 모르잖아. 할아버지 몸으로 들어가면 어떡해. 할아버지가 병에 걸릴 거야. 플라스틱 알맹이는 너무 작아서 수술해도 못 꺼낼걸.

슬기는 홀린 듯 할아버지한테 갔어. 슬기가 손을 뻗어 죽 그릇을 붙잡

앉어. 왼손 검지가 밴드 때문에 통통했어. 다친 손가락이야. 아프지만 움직일 수 있어. 할아버지를 위해서라면.

슬기가 묵직하고 뜨거운 죽 그릇을 옮겼어. 밴드 감은 손가락에서 힘이 빠졌어. 죽 그릇이 바닥으로 떨어졌어.

우당탕!

전복 조각과 죽 덩어리가 사방에 흩어졌고 뜨거운 죽이 슬기 다리에 떨어졌어. 엄마, 아빠가 바삐 움직였어. 아빠가 찬물을 슬기 다리에 부었어. 차가운데도 화끈거려. 물이 마룻바닥에 흥건해.

슬기는 얼떨떨했어. 엄마한테 혼나겠어. 그래도 다행이지 뭐야. 할아버지가 전복을 못 먹을 테니까.

"물고기든 사람이든 플라스틱 조각을 먹으면 안 돼."

슬기는 중얼거렸어.

슬기는 가족과 병원에 다녀왔어. 무릎 아래 손바닥만 한 자국이 생겼거든. 약 바르고 기다리면 없어진대. 한숨 돌리느라 모두 병원 앞 공원 카페에 앉았어.

"우리 슬기, 할아버지를 위해 그랬지?"

할아버지가 물었어. 슬기는 고개를 끄덕였어. 할아버지가 이어 말했어.

"그동안 플라스틱을 너무 많이 사용했나 보다. 너희들한테 깨끗한 바다를 물려줘야 하는데. 이제부터라도 줄여보자, 알았지?"

"네."

아빠가 컵을 슬기에게 내밀었어.

"자, 딸기 주스."

투명한 일회용 컵에 플라스틱 빨대가 꽂혔어. 슬기는 쭉 빨아먹었어. 시원하고 달콤했어. 목구멍이 뻥 뚫렸어. 고개 들어 먼발치를 보았어.

쓰레기통이 눈에 들어왔어. 투명한 일회용 컵이 잔뜩 쌓였어. 어디서 본 장면이야. 슬기는 빨대에서 입을 뗐어.

"똑같잖아. 고래 배에서 나온 컵이랑."

플라스틱을 또 사용하고 말았어.

생각 씨앗

바다 플라스틱 오염이 심각해요

미세 플라스틱은 얼마나 작을까요?

① 5mm보다 작음　　② 10cm보다 작음

③ 2cm보다 작음　　④ 20cm보다 작음

미세 플라스틱은 5mm보다 작은 플라스틱 입자를 말해요. 깨진 조각을 비롯하여 섬유, 알갱이 등 종류가 다양합니다. 과학자들은 전 세계 바다에서 미세 플라스틱을 발견했어요. 인간이 살지 않는 극지방이나 아주 깊은 바닷속에서도 찾았지요.

1997년 미국의 찰스 무어 선장은 태평양에서 플라스틱 섬을 처음 발견했어요. 사실 섬이 아니었어요. 바닷물에 뜬 플라스틱 쓰레기 무더기였지요. 어마어마하게 넓었어요. 한반도의 일곱 배가 넘어요. 그 때문에 지금껏 치우지 못하고 있습니다. 2011년 일본에서 일어난 쓰나미 때문에 쓰레기는 더 많아졌지요.

지구 바다 전체에 얼마나 많은 플라스틱이 있을까요? 정확한 양을 알기는 어려워요. 어떤 플라스틱은 잘 보이지만 어떤 것은 깊은 바닷속에 가라앉아요. 미세 플라스틱이나 초미세 합성 섬유는 보이지도 않아요.

하지만 과학자들이 양을 예측해보았어요. 현재 속도로 플라스틱을 만들어 쓴다면 2050년에는 바닷속 물고기 전체 무게보다 플라스틱 무게가 커진대요.

플라스틱 쓰레기는 지금도 늘어나요. 1분마다 쓰레기 트럭 한 대가 바다에 플라스틱을 쏟아버리는 정도로요.

어떻게 플라스틱이 바다까지 흘러올까요? 바다 플라스틱의 열 개 중 여덟 개는 육지에서 온대요.

옷을 세탁할 때 나오는 섬유 덩어리가 하수도에 섞여요. 초미세 합성 섬유인데요. 바다 플라스틱의 3분의 1이나 됩니다. 또, 아무 데나 버린 플라스틱이 강을 따라 바다까지 오고요. 재활용되지 않고 버려진 쓰레기도 바다로 흘러와요.

오늘날 인간의 힘으로는 바다 플라스틱을 완전히 청소할 수 없어요. 재활용 처리로도 줄이기 힘들고요. 오염을 멈출 방법이 달리 없어요. 플라스틱을 덜 만들고, 덜 사용해야 합니다.

플라스틱 없는 하루

슬기는 고민에 빠졌어. 학교 선생님이 세상에 꼭 필요한 아이디어라는 주제로 창의 과제를 내주셨거든.
"세상에 꼭 필요한 아이디어, 그게 뭘까?"
벌써 며칠째야. 아무리 생각해도 모르겠어. 슬기는 공책에 얼굴을 묻고 잠들었어.

눈앞이 온통 노랑이야. 주방세제 통이 슬기의 눈앞을 막았어.
슬기는 주방세제 통을 얼른 밀어냈어. 헤엄치려는데 요구르트병이 떠내려와. 여기저기서 덜그럭거리는 소리가 나. 스티로폼 상자, 음료병, 도시락, 칫솔이 밀려왔어. 플라스틱이 금세 슬기를 에워쌌어.
"엄마!"
슬기는 바다 위 플라스틱 쓰레기에서 허우적거렸어.

'어쩌지? 아무리 플라스틱에서 벗어나려고 해도 벗어날 수 없어.'

순간 슬기의 몸이 붕 떠올랐어. 차갑고 매끄러운 바닥이 닿았어. 슬기는 넓고 둥그런 무언가에 올라탔어.

"앗, 고래잖아."

슬기는 올라타고서야 고래 등 위라는 걸 알았어. 고래가 슬기를 태운 거야. 고래는 플라스틱을 헤치고 바다를 헤엄쳐 나갔어.

"슬기야!"

저 멀리 작은 섬에서 엄마, 아빠, 민기가 슬기를 부르는 것이 보였어. 작은 섬 앞바다에는 플라스틱이 둥둥 떠다녔어. 고래가 헤엄쳐 나갔어. 슬기는 점점 엄마, 아빠, 민기가 있는 곳으로 가까워졌어. 이윽고 얕은 물에 다다랐어. 슬기는 고래 등에서 내려 가족 품으로 달려갔어.

"고래야, 고마워."

고래가 슬기를 가족에게 보내주었어. 고래는 인사하듯 위로 펄쩍 뛰어올랐어.

"우주 영웅이다."

고래를 보고 민기가 말했어. 자세히 보니 고래 배에 '우주 영웅'이라는 글씨가 붙어 있어. 누군가 버린 비닐이 고래 배에 붙었나 봐.

우주 영웅 고래가 저 멀리 친구들한테 헤엄쳐 갔어. 어느새 주위에 친구 고래가 몰려들었어. 고래들은 커다랗게 원을 그리며 줄지어 헤엄쳤어. 고래들은 슬기네 섬으로 밀려오는 플라스틱을 막아주었어. 안 그랬으면 슬기네가 있는 작은 섬도 플라스틱 쓰레기로 뒤덮였을 거야.

"고래야……."

슬기가 말을 하려는데 말이 잘 안 나와.

"우주 영웅 출동!"

그때 민기 목소리가 들렸어. 슬기 눈이 번쩍 뜨였어.

민기가 뛰어가다가 장난감 통을 쏟았어. 와르르, 탁탁, 달그락달그락…… 소리가 요란했어. 블록, 공, 로봇, 자동차 등 플라스틱이 방바닥에 쫙 깔렸어. 엄마가 방에 들어와 민기를 다독였어. 다친 데는 없대. 엄마가 민기와 장난감을 정리했어.

"꿈이구나."

슬기는 눈을 껌벅여보았어. 플라스틱 바다와 고래는 꿈이었어. 창의 과제를 하다가 잠들었나 봐.

슬기는 마음이 불편해. 속상하고 무서워. 뉴스를 본 다음부터 줄곧 그래. 슬기 방도 온통 플라스틱이야. 사람은 플라스틱 없으면 못살까?

그때, 아이디어가 떠올랐어.

"엄마, '플라스틱 없이 하루 살기' 어때요?"

슬기가 물었어. 엄마가 장난감을 치우다 멈췄어.

"응?"

"창의 과제 말이에요. 세상에 꼭 필요한 아이디어."

"아, 좋네. 환경오염 문제도 배울 수 있고."

엄마가 말했어.

슬기는 기운이 불끈 났어. 엄마한테 단번에 칭찬받을 줄 몰랐어. 엄마가 얼마나 깐깐한데. 보통 일이 아니야. 플라스틱 없는 하루를 성공하면 상금을 받아야겠어. 그러면 뷰티나 화장품 세트를 당장 살 수 있거든. 슬기의 심장이 콩콩 뛰었어. 뷰티나 화장품 가방이 눈앞에 아른거려. 게다가 고래를 도와줄 수 있잖아. '플라스틱 없는 하루'는 정말 멋진 생각이야.

"엄마, 성공하면 상금도 주세요. 만 원."

슬기는 힘주어 말했어.

"네 숙제인데 웬 상금이야?"

엄마가 장난감 정리를 멈추고 물었어.

"텔레비전 연예인도 어려운 도전에 성공하면 상금 받아요. 어린이는 성공하기 더 어려우니까 상금이 있어야죠."

"알았어. 성공해봐. 만 원 줄게. 참, 비닐봉지도 플라스틱이니까 안 쓸 거지?"

엄마가 겁을 줬어. 슬기는 조금 걱정이 되었어. 그래도 겁쟁이로 보이기 싫었어. 먼저 새끼손가락을 내밀었어.

"그럼요."

"지금 오후 네 시니까, 내일 오후 네 시까지."

"약속해요."

슬기는 선언했어. 엄마가 손가락을 걸었어. 둘은 복사하고 도장도 찍었어. 민기가 증인 하기 싫다면서 나갔어. 역시 어려. 세상 돌아가는 사정을 모른다니까.

슬기는 공책에 꾹꾹 눌러 글씨를 썼어.

'플라스틱 없는 하루. 꼭 성공할 거야.'

슬기는 뷰티나 화장품 세트를 떠올리며 다짐하고 또 다짐했어.

"자, 이것 봐. 플라스틱으로 만든 물건에 붙일 거야."

엄마가 빨간 동그라미 스티커 뭉치를 꺼냈어. 슬기는 바로 알아차렸어.

"아하, 나는 스티커 붙은 물건만 안 쓰면 되겠네요."

마치 재미있는 게임 같아. 슬기는 마음을 가다듬었어.

엄마가 재빠르게 움직였어. 빨간 동그라미가 순식간에 책상에 뚝뚝 내려앉았어. 금세 필통, 색연필, 숙제 파일, 연필깎이, 큰 자에 스티커가 붙여졌어. 책가방, 실내화 주머니, 실내화에도 스티커가 붙었지. 책가방에도 플라스틱 장식과 지퍼가 붙어있거든. 실내화는 전체가 플라스틱이고.

"플라스틱이 이렇게나 집에 많아요?"

슬기는 엄마가 붙인 스티커를 둘러보기 바빴어.

"이제 시작인걸. 같이 붙이자."

엄마가 스티커 뭉치를 흔들었어. 슬기는 스티커를 받아들었어. 슬기 방이 어느새 빨간 동그라미 천지가 되었어. 다음은 욕실로 갔지. 엄마가 칫솔, 치약, 샴푸, 변기에 스티커를 붙였어.

"칫솔, 치약, 샴푸, 린스…… 변기도요?"

슬기는 물었어. 엄마가 어깨를 으쓱하며 말했어.

"변기 뚜껑이 플라스틱이었네. 열면 도자기니까, 뭐."

세상에, 플라스틱을 사용하지 않으려면 어떡해야 하지? 변기 받침을 올리고 앉아야 하는 걸까? 슬기는 머리가 어질어질했어. 집안이 온통 플라스틱이야. 슬기는 머리빗에 억지로 빨간 스티커를 붙였어. 머리빗도 플라스틱이었어. 슬기는 슬슬 걱정되었어.

"엄마, 하루 동안 사용하지 않은 플라스틱을 공책에 써야 하는데, 너무 많아서 어떻게 다 써요?"

슬기의 말에 엄마가 휴대폰을 들었어.

"사진 찍으면 되지. 모아서 자료 화면 만들자."

"네."

슬기는 대답했어. 한 글자라도 덜 쓰면 좋지, 뭐. 하지만 플라스틱 물건이 너무 많아. 아니, 플라스틱 없이 사용할 수 있는 물건이 별로 없어. 하루를 어떻게 지낼지 모르겠어.

민기가 요구르트를 빨대로 빨아 먹었어. 엄마가 요구르트에도 빨간 동그라미를 붙였어. 슬기는 입맛만 다셨지.

"괜히 시작했나?"

슬기는 혼잣말이 나왔어.

시간이 지날수록 불편이 늘어났어. 슬기는 양치질을 못 해 머뭇거렸어. 칫솔이 플라스틱이잖아. 치약도 플라스틱에 담겨 있지.

슬기는 강아지 이빨 닦는 방법을 쓰기로 했어. 거즈를 손가락에 감아 이를 구석구석 문질렀지. 엄마가 안 된다며 칫솔을 내밀었어. 슬기는 꿋꿋이 버텼어.

"내일부터는 잘 닦을게요."

할 수 없이 엄마가 소금물을 갖다주었어. 입안을 잘 헹구라고.

"웩, 퉤!"

얼마나 짜고 썼는지 몰라. 거울 속 슬기 얼굴이 못난이처럼 일그러졌

어. 민기가 딸기향 어린이 치약 거품을 문 채 웃었어.

"슬기야, 샴푸 없이 머리 감을 수 있겠어?"

엄마가 물었어.

"그럼요."

슬기가 말했어. 걱정 없어. 욕실에서 비누랑 수건만큼은 맘껏 쓸 수 있어. 슬기는 따뜻한 물에 머리카락을 적셨어. 비누를 문질렀어. 보글보글 거품이 잘 났어. 꽃향기가 퍼졌어.

"앗, 이게 뭐야."

거품을 헹구니 머리털이 뻣뻣해졌어. 손가락이 껴서 빼내기가 어려웠어. 긴 머리카락이 다 엉킬 것 같아.

"엄마, 엄마!"

슬기가 소리쳤어. 엄마가 욕실 문을 열었어.

"이럴 줄 알았어. 자, 여기에 머리 담가."

엄마가 대야에 구연산 가루를 부었어. 물을 붓고 구연산 가루를 잘 녹였어. 슬기는 머리를 그 물에 담갔어. 조금 시간이 지나니 부드러워졌지.

"린스 대신 쓰는 구연산이야. 환경에 부담을 덜 줘."

엄마가 말했어. 슬기는 한숨 돌렸어. 플라스틱 없이 살기란 쉽지 않아. 얼른 하루가 지났으면 좋겠어. 엄마는 슬기의 마음도 모르고 찰칵찰칵

사진을 찍었어.

다음 날이 되었어. 슬기는 학교에 가려다 얼어붙고 말았어.

"말도 안 돼."

슬기는 중얼거렸어. 신발장에 있는 운동화에 빨간 동그라미가 붙었어. 운동화 밑창이 플라스틱이었어. 믿기가 안 되었다는 듯 고개를 가로저었어.

"누나, 신발 없으면 학교 못 갈걸. 지금이라도 포기해."

"슬기야, 운동화는 봐줄까? 대신 상금은 없어."

엄마가 말했어. 슬기는 화가 치밀었어. 절대로 굽힐 수 없어. 참고 참아서 이기고 말 거야. 뷰티나 화장품을 위해서라도.

"괜찮아요. 내가 해결해요."

슬기는 신발장 서랍을 열었어.

생각 씨앗

일회용품이 너무 많아요

퀴즈

고래가 먹었을 때 이로운 것은 무엇일까요?
① 비닐봉지   ② 일회용 컵   ③ 빨대   ④ 작은 새우

고래는 작은 새우나 동물성 플랑크톤을 먹고 살아요. 종류에 따라 물고기나 오징어를 먹기도 해요. 그런데 요즘 고래 배 속에서 비닐봉지, 일회용 컵, 빨대 등이 나와요. 플라스틱은 영양분이 전혀 없지요. 소화도 안 되고요. 독성 물질 때문에 오히려 병이 들어요.

거북이는 비닐봉지를 해파리로 착각해요. 또 바다에서 사는 새 열 마리 중 아홉 마리는 배 속에 플라스틱을 갖고 있어요. 배가 불러서 진짜 먹이를 먹을 수 없어요. 플라스틱 때문에 동물이 말라 죽어요.

한 번 쓰고 버리게 만들어진 물품을 일회용품이라고 해요. 우리는 값싸고 편리하기 때문에 일회용품을 무심코 쓰지요. 일회용 젓가락과 숟가락과

도시락 용기, 종이컵과 플라스틱컵, 비닐봉지, 빨대, 배달용품 등등 다양합니다. 하지만 재활용이 거의 되지 않습니다. 수백 년 동안 해를 끼치고 처리하는데 돈이 많이 듭니다.

만약 지금부터 일회용품을 안 쓰면 어떨까요? 버리는 양이 많기 때문에 줄일 때 효과도 큽니다. 여러 나라에서 비닐봉지와 일회용 플라스틱 용기 줄이는 법을 만들었어요. 철저히 지킬수록 바다로 흘러가는 플라스틱 양이 달라졌다고 해요.

우리나라 환경부에서도 일회용 컵과 비닐봉지 사용 줄이기 정책을 만들었어요. 대형 매장에서는 비닐봉지를 값없이 내주지 못해요. 카페 실내에서는 일회용 컵을 못 쓰지요.

플라스틱 빨대는 어떨까요? 빨대는 재활용을 전혀 못 해요. 몇 분 동안 사용하고 바로 버려요. 대부분 불필요하지요. 꼭 필요할 때도 있어요. 자리에 누워 생활하는 장애인에게요. 구부러지는 빨대로 음료를 마셔야 하거든요. 그런 경우가 아니라면 플라스틱 빨대는 쓰지 말아야 해요. 정 쓰고 싶으면 스테인리스나 종이 빨대를 이용해요.

비닐봉지, 빨대, 일회용 플라스틱 컵을 누군가 건네면 어떻게 할까요? 정중하게 안 쓴다고 말해주세요. 한마디 한마디가 모여 새로운 문화를 만듭니다.

반짝반짝 빛나는 생각

"운동화 밑창이 플라스틱이지 뭐야. 어쩔 수 없이 헝겊 슬리퍼를 신고 왔어."

슬기는 토끼 슬리퍼 신은 발을 지후에게 보여줬어.

"거실 슬리퍼잖아."

지후가 어리둥절한 얼굴로 말했어. 지나가는 아이들이 힐끔거렸어. 슬기는 가방끈을 고쳐 맸어. 장바구니로 쓰는 천가방이야. 어깨에서 자꾸 흘러내렸어. 부끄러웠어. 학교 가는 길이 멀기도 해.

"맨발보다 낫잖아."

슬기는 앞만 보기로 했어. 딱 하루만 참으면 되니까. '플라스틱 없는 하루'를 성공해야 뷰티나 화장품 세트도 가질 수 있어. 창피하다고 포기할 수 없어.

같은 반 친구들이 슬기를 보고 웃었어.

"하하하, 슬기 좀 봐."

"오늘 뭔가 이상해. 책가방이야, 장바구니야?"

친구들 웃음소리 듣기가 괴로워. 하지만 슬기는

뷰티나 화장품 세트를 떠올리며 참았어. 침을 한 번 꿀꺽 삼켰어. 아무렇지 않은 척 말했어.

"다 이유가 있는 거야. 플라스틱을 함부로 사용하는 게 얼마나 환경에 안 좋은데. 이따 발표할 때 알려 줄게."

슬기는 자리에 앉았어. 절로 긴 한숨이 나왔어.

창의 과제 발표 시간이 되었어. 선생님이 칠판에 주제를 적었어.

'세상에 꼭 필요한 아이디어.'

한 친구는 강아지용 게임기를 만들었대. 강아지에게 놀라고 줬더니 게임기를 깨물기만 했대. 다른 친구는 세 가지 음료를 마시는 컵을 만들었어.

어떤 친구는 '반짝반짝 빛나는 생각'이라는 팻말을 만들었어. 스무 개나 만들었어. 발표 내용이 좋을 때 드는 거래. 그 친구는 듣는 사람의 마음이 궁금했대. 팻말의 재료가 마분지와 노란색 색종이였어. 플라스틱이 아니야. 슬기는 팻말 재료가 마음에 들었어. 슬기가 팻말을 받아서 번쩍 들었지. 팻말을 만든 친구의 얼굴이 환해졌어.

지후가 나왔어.

"재활용 분리배출 알리미입니다."

지후가 등굣길부터 들고 온 거야. 페트병 안에 음료수 뚜껑이 종처럼 매달려서 딸랑딸랑 소리가 났어.

"분리수거함 뚜껑을 열 때마다 소리가 납니다."

슬기는 귀 기울여 지후의 이야기를 들었어.

"저는 쓰레기를 분리하여 버릴 때마다 용돈을 받거든요. 그런데 가끔 형이 용돈을 차지하려고 저 몰래 다 버려요. 그렇게 되면 저는 용돈을 못 받잖아요. 수거함을 열 때 소리가 나면 형이 몰래 버렸는지 알 수 있어요. 그래서 알리미가 꼭 필요합니다."

웃음이 터졌어. 슬기는 반짝반짝 빛나는 생각 팻말을 들었어. 다른 아이들도 팻말을 들어 올렸어. 지후가 싱글거렸어.

슬기 차례가 되었어.

"제 아이디어는 '플라스틱 없는 하루' 입니다."

선생님이 엄마와 만든 자료 화면을 텔레비전에 띄워주셨어.

"얼마 전 뉴스를 봤어요. 물고기와 고래가 플라스틱과 비닐봉지 때문에 위태롭대요."

플라스틱 쓰레기로 가득 찬 바다 사진을 보여줬어.

"엄마랑 약속했어요. 내가 '플라스틱 없는 하루'에 도전하겠다고요. 성공하면 상금을 받기로 했어요."

다른 사진이 나왔어. 슬기가 플라스틱 장식이 붙은 책가방 대신 천 가방 드는 장면, 실내화 대신 강아지 슬리퍼 신는 장면, 운동화 대신 토끼 슬리퍼 신는 장면 등이야.

"집에는 플라스틱 물건이 엄청 많아요. 안 쓰기 어려워요. 하지만 줄이는 만큼 고래를 살릴 수 있어요."

빨간 동그라미가 붙은 방안을 보여줬어. 슬기가 머리빗에 스티커 붙이는 장면도 나왔어. 그때였어. 슬기의 발표가 마음에 들었는지 반짝반짝 빛나는 생각 팻말이 두 개나 올라왔어.

"실패하면 안 돼요. 성공해야 뷰티나 어린이 화장품 세트를 사거든요. 진짜 갖고 싶어요."

화장품 세트라는 말에 팻말이 쑥쑥 올라왔어. 슬기는 신이 났어. 그때 지후가 손을 들었어.

"내가 분리수거 날 플라스틱을 내놓잖아요."

또 형 이야기인가. 슬기는 지후를 보았어.

"플라스틱 내놓을 때마다 화장품 용기가 자주 나와요. 슬기가 새로 사려는 화장품은 플라스틱 아니죠?"

지후가 말똥말똥 바라봤어.

"……."

슬기는 지후의 말이 무슨 말인지 모르겠어. 플라스틱이라니……. 뷰티나 어린이 화장품 세트가 환경을 오염시킨다는 말이야? 그럴 리 없잖아. 그저 어린이를 위한 예쁜 화장품인걸. 슬기는 갑자기 멍했어. 투명 젤리 속에 갇힌 느낌이야.

지후의 말에 반짝반짝 팻말이 올라와. 한두 개가 아니야. 지후의 질문이 반짝반짝 빛났나 봐.

슬기는 얼떨떨한 기분으로 시간을 보냈어. 어느덧 학교 수업도 끝났지. 집에 올 때는 부끄럽지 않았어. 토끼 슬리퍼를 생각할 틈이 없었어. 단 한 가지만 떠올랐거든.

'뷰티나 어린이 화장품 세트.'

방에 틀어박혀서 용돈을 셌어. 엄마가 들어왔어.

"공슬기, 축하합니다."

네 시가 된 거야. 엄마가 손을 내밀었어. 슬기는 선선히 악수를 했지.

"성공했어요?"

"응, 상금."

엄마가 빨간 봉투를 건넸어.

"와, 감사합니다."

슬기는 자리에서 벌떡 일어났어. 성공이라니, 믿어지지 않아. 마음이 환해졌어. 모든 게 원하던 대로야. 마음이 바빠. 엄마가 방에서 나가자마자 슬기는 옷을 갈아입었어.

"나갔다 올게요."

한달음에 마트까지 갔지. 서슴지 않고 뷰티나 화장품 세트를 안고 나왔어. 물론 상금과 모은 돈으로 계산했지.

"뷰티나 어린이 화장품 세트."

박스를 쓰다듬었어. 두 번, 열 번, 오십 번. 정신 차렸더니 집에 도착했어. 슬기는 화장품 세트를 안고 침대에서 뒹굴었어.

"아이, 좋아."

민기가 들어와 물끄러미 보았어.

"누나, 뭐해?"

대답하기 싫어. 이불 속으로 파고 들어갔어. 화장품 세트랑 있고 싶어.

"엄마, 누나 이상해요."

민기 목소리가 멀어졌어. 그러거나 말거나.

"냄새도 향긋해."

얼마나 갖고 싶었는지 몰라. 눈 화장도 하고 볼터치도 할 거야. 입술도 여러 색으로 칠해야지. 슬기는 떳떳해. 스스로 용돈을 모아 샀잖아. 그리고 집안일도 도왔지. 플라스틱도 안 썼어. 얼마나 고생했는데.

슬기는 마음먹고 일어나 앉았어. 화장품 포장을 뜯어야지. 겉 비닐까지 꽁꽁 싸였어.

"떨린다."

비닐 포장을 매만지니 투명하고 매끈매끈해. 뒤집어서 설명서를 보았어. 작은 글씨가 많았어. 포장지 맨 아래 화살표 세모 표시가 있어. 안에 네 글자가 보였어.

"플라스틱."

읽지 말걸. 지후의 말이 옳았어. 뷰티나 화장품 세트도 플라스틱이야. 플라스틱 악당이 어린이 화장품까지 손아귀에 넣은 거야. 슬기는 화장품 세트를 끌어안고 우주로 도망가고 싶어.

"어떡해?"

슬기는 화장품 세트를 뜯지 못했어. 마냥 바라보기만 했어.

저녁 먹을 때, 아빠가 말했어.

"슬기 플라스틱 없이 하루 살기 성공했지? 축하해."

"네, 고맙습니다."

슬기는 맥없이 대답했어. 아빠가 말을 이었어.

"빨간 동그라미 붙은 물건을 봤어. 생각보다 훨씬 많더라고. 그런데 슬

기야, 내일부터는 어떡할 거야? 플라스틱을 쓰던 대로 쓰면 환경오염이 심해지겠어."

슬기는 아빠 말을 곰곰이 생각해봤어. 단 하루 도전했지만 느낀 게 많아. 그래서 말했어.

"플라스틱을 안 쓰면 생활이 불편해요. 친구들한테 놀림당할 일도 많고요. 그렇다고 마음 놓고 쓸 수도 없어요. 무심코 내가 쓴 물건 때문에 끔찍한 플라스틱 오염이 생기잖아요. 고래는 죽어가고요."

슬기는 이불 속에 숨겨 놓은 화장품 세트가 생각나 마음이 무거웠어.

"안 쓰기보다 열심히 줄이기, 어때?"

엄마가 종이를 보여주며 말했어. '우리 가족 플라스틱 줄이기 작전'이라고 적혔어.

"와, 좋은 생각이야. 우리 가족이 줄일 수 있는 것부터 줄여보자."

아빠가 말했어. 슬기가 물었어.

"그러면 플라스틱 버리기 용돈은 못 받겠네요."

"아니, 이미 집안에 플라스틱이 많아. 한 자루 버릴 때마다 주는 거잖아. 플라스틱을 조금 버리고 받으면 더 좋지."

엄마의 말에 슬기는 빙긋 웃어 보였어. 그때였어.

"장난감은?"

민기가 걱정스러운 얼굴로 물었어. 슬기는 가슴이 덜컥 내려앉았어. 어쩐지 장난감은 플라스틱이라 가지면 안 된다고 할 것 같아. 화장품 세트도 마찬가지잖아. 슬기는 마음이 졸아들었어.

엄마가 선선히 대답했어.

"갖고 놀아야지. 플라스틱 줄이기는 즐겁게 도전하자. 힘들거나 속상하면 안 돼."

엄마가 말했어. 민기가 활짝 웃었어. 슬기 마음에도 희망이 생겼어. 그래서 물었어.

"엄마, 아빠, 내가 원하는 물건 하나 가져도 돼요? 플라스틱인데."

슬기는 방에서 뷰티나 화장품 세트를 가지고 나왔어.

"샀어?"

아빠가 물었어.

"네, 오늘요."

"잘했어. 갖고 싶었잖아. 아빠가 사주려고 했어. 물건 살 때마다 잘못했다고 느끼면 안 되지. 슬기의 행복도 중요해."

아빠가 말했어. 엄마가 슬기 어깨를 다독였어.

"슬기야, 플라스틱 오염이 네 탓은 아니야."

그제야 마음이 놓였어. 슬기는 뷰티나 화장품 세트를 얼싸안았어.

생각 씨앗

플라스틱 줄이는 생활

플라스틱 줄이기 실천 방법이 아닌 것을 고르세요.

① 비닐봉지 사용하기   ② 지나치게 포장된 상품 사지 않기
③ 텀블러로 음료 사기   ④ 플라스틱 빨대 거절하기

비닐봉지 사용하기는 플라스틱 줄이기 실천 방법이 아니에요. 지나치게 포장된 상품 사지 않기, 텀블러로 음료 사기, 플라스틱 빨대 거절하기는 플라스틱 사용을 줄일 수 있어요.

어떻게 플라스틱 줄이기를 잘 실천할까요?

우리는 플라스틱 사용이 익숙하기 때문에 한꺼번에 바꾸기란 어려워요. 욕심껏 계획을 세우다가 이루지 못하면 실망하지요. 서두르지 말고 차근차근 시도해요. 혼자라면 일주일마다 계획을 세워 봐요. 가족과 한다면 가족회의를 해요. 도전 과제를 조금씩 늘려가요.

다른 사람을 향한 비난이나 강요는 도움 되지 않아요. 대신 겪은 일과 진

심을 이야기해요. 자연스럽게 그 사람도 관심을 가질 거예요. 플라스틱 줄이기는 함께 할수록 효과가 커집니다. 언제나 즐거운 마음으로 활동해요. 어떤 실천 방법이 있을까요?

★ 물건을 사러 갈 때 장바구니를 준비해요. 에코백이나 재사용 봉투도 좋아요. 준비하지 못했을 때는 빈 종이박스를 이용해요.

★ 동네 상점이나 재래시장에서 장을 봐요. 미리 포장하지 않은 과일이나 채소를 사요. 두부나 고기 담을 반찬통을 가져가요.

★ 떡볶이 등 간식을 살 때, 담을 그릇을 준비해 가요.

★ 플라스틱으로 만든 물건을 구매하지 않아요. 어쩔 수 없이 샀으면 여러 번 사용해요. 버릴 때는 재활용을 위해 분리하여 배출해요.

★ 금방 버릴 물건은 사지 않아요. 학용품이나 게임기 등 플라스틱 물건을 가지고 있다면 친구와 서로 바꿔 사용해요. 원하는 곳에 기증해도 좋아요.

★ '플라스틱 없는 가게'나 '친환경 마켓'을 찾아가요. 플라스틱을 줄이기 위해 노력하는 사람을 만날 수 있어요. 요긴한 아이디어도 배울 수 있어요.

★ '플라스틱 없는 일주일'과 같은 캠페인 활동에 참여해요. 친구와 플라스틱 없는 생활을 누가 더 잘하는지 내기하고 도전해요.

★ 블로그나 책을 통해 다른 사람의 경험을 배우고 적극 실천해요.

고래야, 고래야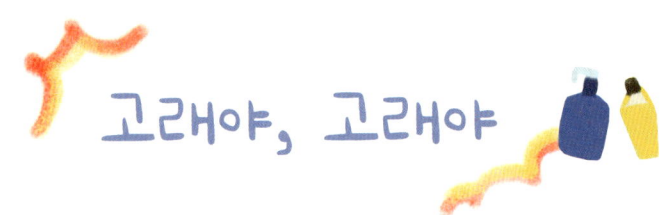

"대신 플라스틱 줄이기 작전 잘 해낼게요."

슬기는 엄숙하게 새끼손가락을 내밀었어. 엄마가 손가락을 걸었어.

"나도."

민기가 말하며 손가락을 걸었어. 아빠도 걸었어.

"우리 가족 플라스틱 줄이기 작전 시작."

슬기가 외쳤어. 다 같이 기합을 넣었어.

"시작!"

엄마가 약속을 벽에 붙였어. 넷이서 골똘히 궁리했거든.

불편해도 일회용 플라스틱 용기는 사용하지 않기로 했어. 귀찮아도 재활용을 잘하기로 했고. 되도록 오래 쓸 물건을 사기로 했지. 플라스틱 물건을 샀다면 여러 번 쓰기로 했어. 장바구니와 보온 컵도 사용하기로 했어. 비닐은 최소로 줄이고.

처음 플라스틱 분리수거를 맡았을 때 슬기는 몰랐어. 왜 재활용을 하는지 말이야. 이제는 알아. 플라스틱을 마구 쓰면 결국 미세 플라스틱으로 되돌아와. 편리함은 공짜가 아니야. 우리가 값을 치러야 해.

주말이 되었어.

"장 보러 가자."

아빠가 불룩한 장바구니를 들었어. 슬기는 민기 손을 잡았어. 엄마가 자동차 열쇠를 들고나왔어.

슬기네 가족은 처음 보는 상점에 도착했어. 보통 마트와 달랐어. 말끔하고 조용했어. 손님 몇몇이 물건을 구경했어.

'플라스틱 없는 가게.'

슬기는 안으로 들어갔어. 진열장이 나무라 은은한 냄새가 났어. 가운데 채소와 과일이 보였어. 시금치, 파, 양파가 바구니에 쌓였어. 사과, 바나나, 오렌지가 소담스러웠어.

"엄마, 가게에 비닐이 하나도 없어요."

"그러게."

엄마 눈이 휘둥그레졌어. 슬기는 보면서도 안 믿어졌어. 채소와 과일이 있는 그대로 놓였어. 뭐든 낱개로 살 수 있어. 비닐 포장은 없어. 슬기는 가져온 주머니에 사과를 네 개 담았어.

엄마가 손가락으로 곡물 판매대를 가리켰어.

"콩 사다가 콩조림 해 먹을까?"

곡물은 거꾸로 된 유리병에 담겼어. 주둥이 부분을 열면 콩과 같은 곡물이 조르르 쏟아져. 아빠가 장바구니에서 작은 자루를 꺼내서 콩을 자루에 담았어.

"사탕 가게 같아."

민기가 말했어.

"여기서 장 보면 슬기 용돈 못 벌겠는데."

아빠가 말했어. 아빠 말이 무슨 뜻인지 알아. 플라스틱이 하나도 없으니까. 하지만 괜찮아. 버릴 플라스틱은 집에 얼마든지 있어.

"아빠, 가루 치약이에요."

슬기는 장바구니에서 작은 유리병을 꺼냈어. 숟가락으로 가루 치약을 옮겨 담았어. 샴푸와 주방 세제도 통에 담아서 살 수 있어.

직원 아저씨가 다가왔어.

"손님, 통을 골고루 준비하셨네요."

민기가 들떠서 말했어.

"네, 플라스틱 줄이기 작전 중이에요."

슬기는 작전이라는 민기의 말이 조금 부끄러웠어. 직원 아저씨가 맞장

구를 쳤어.

"우리도 작전 중이에요. 그래서 포장을 없앴어요. 포장 때문에 플라스틱 쓰레기가 늘어난대요."

"필요한 양만 살 수 있어 좋네요. 쓰레기가 거의 안 나오겠어요."

엄마가 말했어.

"사고 싶은 물건이 많아요. 통이 모자라겠는데요."

아빠가 장바구니 안을 확인하며 말했어.

"네, 손님. 물통이나 반찬 통을 빌려드려요. 천으로 만든 장바구니도 판매하고요."

직원 아저씨가 말했어.

"우리랑 같은 편."

민기가 손을 앞으로 뻗었어. 직원 아저씨가 손을 얹었어.

"같은 편, 작전 성공합시다."

슬기는 주변을 둘러봤어. 손님이 더 들어왔어. 뿌듯하고 든든해. 알고 보니 플라스틱 줄이기 작전 중인 사람이 많아.

"빨대다."

슬기는 스테인리스 빨대를 봤어. 한 번 쓰고 버리는 플라스틱 빨대와 달라. 여러 번 쓸 수 있겠어. 닦는 솔도 묶였어. 아빠가 하나를 집었어.

"너희들 빨대 사줄까?"

아빠가 물었어.

"네, 요구르트 마실 때 쓸게요."

민기가 받고 좋아했어.

"나는 딸기 주스 마실 때 쓸게요."

슬기도 받았어. 생각지도 못한 선물이야. 플라스틱 줄이기 작전이 기쁠 줄 몰랐어.

집에 와서 장바구니를 정리했어. 쓰레기는 얇은 종이 몇 장뿐이야. 플라스틱 없는 가게에 가기 잘했지 뭐야.

"비닐 포장과 플라스틱 없는 쇼핑이 더 즐거웠어요."

슬기는 말했어. 다들 슬기랑 마음이 같았대. 또 가기로 약속했어. 아빠가 중대 발표를 했어.

"다음 주에 울산 할아버지 댁에 가자."

"와!"

두근두근 가슴이 뛰었어. 마침내 기다리던 때가 온 거야. 할아버지랑 고래 배를 탈 수 있어.

할아버지 댁으로 가는 길이 멀었어. 하지만 바다를 본 순간 고단한 기분이 사라졌어. 할아버지, 엄마, 아빠, 민기, 슬기는 고래 탐사선에 올라탔어. 커다란 배라서 사람들이 많이 탔어.

2층 테이블 자리에 둘러앉아 바람을 쐬었어. 언제 고래가 나타나나 기다렸어. 육지에서 한 시간 바다로 나가면 고래 떼를 만날 수 있대. 그러나 못 만날 때도 있대.

"고래야, 만나자. 나타나라."

슬기는 바다를 향해 손을 모았어. 눈을 감고 꿈속 고래를 생각했어. 그때였어. 방송이 나왔어.

"승객 여러분, 지금 8시 방향에서 고래 떼를 발견하였습니다. 고래 친구들을 맞아주세요."

얼른 난간으로 가보았어. 새파란 바다가 일렁였어. 하얀 거품이 보글보글 일어났다 사라졌어. 까만 뭐가 쑥 올라왔다 내려갔어. 돌고래였어. 등지느러미가 뾰족해. 한두 마리가 아니야. 몇십 마리가 배를 따라왔어.

"고래야!"

민기가 소리쳤어. 가까이 다가온 녀석이 보였어. 물속에서 따라오다가 위로 쑥 올라왔어.

"와!"

사람들이 탄성을 질렀어.

슬기는 가슴이 벅차올랐어. 고래는 대단해. 빠르고 힘차. 넓고 파란 바다를 신나게 헤엄쳐. 고래가 아프지 않아 다행이야. 꿈속에서 본 녀석들보다 훨씬 멋져. 슬기는 마냥 즐거워.

"고래야, 비닐봉지 먹지 마. 누나가 플라스틱 꼭 줄여줄게."

슬기는 고래를 향해 소리쳤어. 민기가 슬기의 팔꿈치를 툭툭 잡아당겼어.

"누나, 동생은 여기 있어."

"하하하."

엄마, 아빠, 할아버지 얼굴에 웃음꽃이 피었어.

지은이의 말

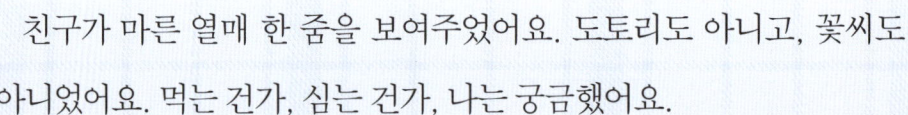

비누 열매와 뻥튀기 접시

친구가 마른 열매 한 줌을 보여주었어요. 도토리도 아니고, 꽃씨도 아니었어요. 먹는 건가, 심는 건가, 나는 궁금했어요.

"나무에서 열리는 비누야."

친구가 말했죠. 나는 어리둥절했어요. 꼭 동화 속 이야기 같았지요.

알고 보니, 무환자나무에서 자라는 소프넛이라는 열매였어요. 작은 헝겊 주머니에 담아 사용하면 보글보글 거품이 일어나요. 머리도 감고, 빨래도 하고, 강아지 목욕도 시킬 수 있어요. 다 쓴 후, 열매껍질을 화분에 뿌려준대요.

"플라스틱 쓰레기가 안 나오겠네."

나는 친구가 존경스러웠어요. 멋지고 재밌는 사실을 알려줘서 말이에요.

뿐만 아니에요. 친구는 생일 파티에 동그란 뻥튀기 과자를 준비했대요. 뻥튀기에 케이크와 떡을 담아서 먹으려고요. 어린이들이 뻥튀기 접시까지 냠냠 먹어 치운다지 뭐예요. 일회용 접시가 필요 없어요.

"플라스틱 줄이기는 즐거운 도전이구나."

나는 친구 덕분에 알았답니다.

환경오염 때문에 우리 지구가 끙끙 앓아요. 빙하가 녹고 산불이 일어나요. 바다에는 플라스틱 쓰레기가 넘쳐나고요. 소중한 동물의 목숨이 위태로워요. 우리는 뉴스를 볼 때마다 마음이 무거워지지요.

"우리가 나서서 힘껏 바꿔보자."

누군가 말했어요. 주변을 둘러보니 지구 지킴이 친구가 많았지요. 서로 용기를 주고, 부지런히 지혜를 나눴어요. 소중한 마음을 모아 나는 이야기를 썼습니다.

이야기 주인공 슬기는 플라스틱에 대하여 하나씩 알아가요. 플라스틱은 물건을 만드는 재료예요. 우리 생활 어디에서나 볼 수 있어요. 간편하고 가벼워요. 우리를 편리하게 해주지요. 하지만 자연적으로 분해되거나 썩지 않아요. 지구 환경에 많은 부담을 줍니다.

플라스틱에 대하여 알고 나서 슬기는 어떤 마음을 갖게 되었을까요? 전과 다르게 행동하게 되었을까요? 우리가 슬기라면 어떻게 할까요? 함께 플라스틱 다루는 방법을 생각해 봐요. 비누 열매와 뻥튀기 접시처럼 즐거운 아이디어가 솟아나도록 말이에요.

누구라도 혼자서 단번에 지구를 구해낼 수는 없어요. 여럿이 같은 뜻을 품고 꾸준히 실천해야겠지요. 분명히 조금씩이나마 달라질 거예요.

황연희

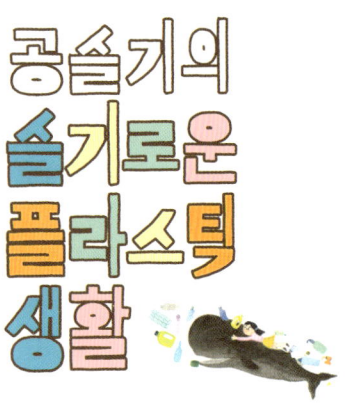

초판 1쇄 발행 2020년 11월 13일
초판 2쇄 발행 2021년 10월 25일

지은이 황연희
그린이 이유나
펴낸이 문미화
펴낸곳 도서출판 책읽는달
주 소 서울 서대문구 가재울로 45, 105-1204
전 화 02)326-1961 / 02)326-0960
팩 스 02)6924-8439
블로그 http://blog.naver.com/booknmoon2010
출판신고 2010년 11월 10일 제2016-000041호

ⓒ 황연희, 2020

ISBN 979-11-85053-48-6 74370
ISBN 979-11-85053-38-7 (세트)

※ 이 책의 무단전재와 무단복제를 금하며, 책 내용의 전부 또는 일부를 이용하려면 반드시 책읽는달의 동의를 받아야 합니다.
※ 잘못된 책은 본사나 구입하신 곳에서 바꾸어 드립니다. 책값은 뒤표지에 있습니다.
※ 책읽는달은 여러분의 아이디어와 원고를 기다리고 있습니다.
　소중한 책으로 남기고 싶은 아이디어나 원고가 있으신 분은 bestlife114@hanmail.net으로 보내주세요.

어린이제품안전특별법에 의한 표시사항

제조자명 도서출판 책읽는달　**주소** 서울 서대문구 가재울로 45, 105-1204
전화 02)326-1961　**제조연월** 2021년 10월　**제조국** 대한민국　**사용연령** 7세 이상
⚠ **주의** 책을 떨어뜨리거나 던져서 다치지 않게 주의하세요. 책을 입에 물지 마시고 책에 손이 베일 수 있으니 주의하세요.